BEI GRIN MACHT SICH IHR WISSEN BEZAHLT

AF151542

- Wir veröffentlichen Ihre Hausarbeit,
  Bachelor- und Masterarbeit

- Ihr eigenes eBook und Buch -
  weltweit in allen wichtigen Shops

- Verdienen Sie an jedem Verkauf

Jetzt bei www.GRIN.com hochladen und kostenlos publizieren

Bibliografische Information der Deutschen Nationalbibliothek:

Die Deutsche Bibliothek verzeichnet diese Publikation in der Deutschen National-
bibliografie; detaillierte bibliografische Daten sind im Internet über http://dnb.d-
nb.de/ abrufbar.

Impressum:

Copyright © 2017 GRIN Verlag, Open Publishing GmbH
Druck und Bindung: Books on Demand GmbH, Norderstedt Germany
ISBN: 9783668482210

Dieses Buch bei GRIN:

http://www.grin.com/de/e-book/368983/internationaler-marketing-mix-kommuni-
kations-strategien

Melanie Schmitt

Internationaler Marketing-Mix. Kommunikations-Strategien

GRIN Verlag

GRIN - Your knowledge has value

Der GRIN Verlag publiziert seit 1998 wissenschaftliche Arbeiten von Studenten, Hochschullehrern und anderen Akademikern als eBook und gedrucktes Buch. Die Verlagswebsite www.grin.com ist die ideale Plattform zur Veröffentlichung von Hausarbeiten, Abschlussarbeiten, wissenschaftlichen Aufsätzen, Dissertationen und Fachbüchern.

Besuchen Sie uns im Internet:

http://www.grin.com/

http://www.facebook.com/grincom

http://www.twitter.com/grin_com

Seminararbeit

Internationaler Marketing-Mix:

Kommunikations-Strategien

Verwaltungs- und Wirtschafts-Akademie
Rheinland Pfalz e.V. Teilanstalt Kaiserslautern
Fachhochschule Südwestfalen

Vorname Name: Melanie Schmitt

Ausgabedatum: 24.01.2017
Abgabedatum: 13.03.2017

Landstuhl, den 12.03.2017

Inhaltsverzeichnis

Abbildungsverzeichnis:

Abkürzungsverzeichnis:

AT	Österreich
bspw.	beispielsweise
CHN	China
DE	Deutschland
ebd.	ebenda
f.	folgende
ff.	fortfolgende
FRA	Frankreich
Hrsg.	Herausgeber
ITA	Italien
JPN	Japan
S.	Seite
vgl.	Vergleiche

1. Einleitung

Die vorliegende Seminararbeit handelt vom internationalen Marketing-Mix mit Schwerpunkt auf den Kommunikations-Strategien.

Die Internationalisierung ist für viele Unternehmer ein wichtiger Faktor, um mit den Konkurrenten mithalten zu können bzw. sich Wettbewerbsvorteile sichern zu können. Damit ein Unternehmen international erfolgreich sein kann, gibt es einige Hürden zu meistern.

Im Gegensatz zum nationalen Marketing muss das Unternehmen sich auf länderspezifische Unterschiede einstellen.[1] Beim internationalen Marketing spielt die Informationsbeschaffung eine zentrale Rolle und darf demnach nicht vernachlässigt werden.

Vermeintlich kleine Fehler in der Werbeaussage können fatale Folgen mit sich bringen. Dies kann dazu führen, dass sich der erwirtschaftete Umsatz verringert. In Extremfällen kann dies sogar dafür sorgen, dass das Unternehmen überhaupt keinen Absatz im Zielland machen kann und einen erheblichen Imageverlust erleidet.

Kulturelle, sprachliche und religiöse Unterschiede können hier ausschlaggebend sein. Ebenfalls ist für ein Unternehmen wichtig abzuwägen, ob ein bestimmtes Land überhaupt zu den Produkten und Dienstleistungen eines Unternehmens passt.

Im Mittelpunkt der Internationalisierung eines Unternehmens und der Seminararbeit steht die Kommunikationspolitik und die Auswahl der geeigneten Instrumente und Strategien, um das Produkt in einem anderen Land bzw. mehreren Ländern vermarkten zu können. Die Instrumente der Kommunikationspolitik müssen dementsprechend entweder auf die Ländergruppen angepasst werden oder im Rahmen der Standardisierung eine international einheitliche Marke etablieren.

Das Ziel dieser Arbeit besteht einerseits darin die Kommunikations-Strategien darzustellen, sowie deren Vor- und Nachteile gegenüberzustellen. Folgend werden die Interdependenzen der internationalen Kommunikations-Strategie mit den anderen Teilbereichen des Marketing-Mix aufgezeigt.

Abschließend wird eine Zusammenfassung aus den vorangegangenen Kapiteln erstellt und daraus ein Fazit abgeleitet.

---

[1] Vgl. Perlitz M./ Schrank R./ Becker A. (2015), S. 9.

1

2. Das internationale Marketing

2.1. Grundlage

Von internationalem Marketing wird gesprochen, sobald ein Unternehmen den Handel von Produkten und Dienstleistungen auf mindestens zwei weitere Länder ausweitet. Dies liegt daran, dass ein Unternehmen sich erst um die gravierenden länderspezifischen Unterschiede kümmern muss, sobald sich die marketingrelevanten Entscheidungen auf mehrere Ländergruppen beziehen.

Das beim nationalen Marketing typische 4P Modell wird um drei weitere P's ergänzt. Zusätzlich gibt es die Elemente People=Kunden, Process=Prozesse und Physical Environment= Marktbedingungen. Wie das Sprichwort „andere Länder – andere Sitten" bereits aussagt, gibt es wesentliche kulturelle Unterschiede, die zu beachten sind. Sowohl die Sprache, kulinarische Unterschiede, die Demographie, die Werte und auch die nicht-verbale Kommunikation beeinflussen das Konsumentenverhalten. Außer dem internationalen Marketing gibt es noch das multinationale und das globale Marketing. Beurteilt werden diese durch Globalisierungsvorteile und Lokalisierungserfordernisse.[2]

Abb. 1: Grundausrichtung des internationalen Marketings[3]

[2] Perlitz M./ Schrank R./ Becker A. (2015), S. 9.
[3] ebd. S. 10.

Sind beide Bereiche gering ausgeprägt befindet sich das Unternehmen noch in einer frühen Phase der Internationalisierung.[4] Besteht keine Erfordernis sich an die Gegebenheiten in den anderen Ländern anzupassen spricht man auch von der ethnozentrischer Orientierung. Sobald die Globalisierungsvorteile und die Lokalisierungserfordernisse steigen handelt es sich um das globale oder das multinationale Marketing.[5]

2.2. Marketing-Mix

Im Großen und Ganzen unterscheidet sich der internationale Marketing-Mix kaum vom nationalen Marketing-Mix. Die Komponenten (Preis-, Produkt-, Kommunikations- und Distributionspolitik) des nationalen Marketing Mix bleiben im internationalen Marketing-Mix erhalten. Wie erwähnt werden lediglich die Personalpolitik, die Prozesspolitik und die Ausstattungspolitik noch ergänzt.

Der Marketing-Mix muss jedoch auf das jeweilige Land angepasst werden. Hierbei ist ein zentraler Faktor die Marktbeobachtung, sowie die Informationsbeschaffung. Da man die Instrumente nicht separat voneinander betrachten sollte bzw. nutzen sollte, ist es wichtig vor der Vermarktung eines Produktes oder einer Dienstleistung zu entscheiden welche Instrumente eingesetzt werden sollen.[6]

Außerdem haben die Unternehmen, die international tätig werden wollen festzulegen welche Strategie angewendet werden soll.

Entweder werden die Produkte nach der Standardisierung oder nach der Differenzierung vermarktet. Die Strategien unterscheiden sich erheblich und bieten auf jeder Seite Vor- und Nachteile.[7] Die beiden Ansätze werden im Folgenden gegenübergestellt und kurz bewertet.

---

[4] Perlitz M./ Schrank R./ Becker A. (2015), S. 10.
[5] Ebd.
[6] Vgl. Zentes J./ Swoboda B./ Schramm-Klein H. (2013), S.353f.
[7] Vgl. Dipl.-Kfm. Felix C. Poudeu (2009), S. 4f.

	Standardisierung (Konvergenzthese)	Differenzierung (Divergenzthese)
Ansatz	Konsumentenbedürfnisse werden verallgemeinert einheitliche Corporate Identity	Länderspezifische Unterschiede wie bspw. die Kultur werden berücksichtigt Flexibilität
Vorteile	Durch Nutzen der Volumen-, Spezialisierungs- und Lerneffekte lassen sich Kosten einsparen	Umsatzerhöhung durch zielgruppenorientierte Strategie erhöhte Reagibilität[8]
Nachteile	Die Kultur, spezielle Bedürfnisse oder Gewohnheiten der Konsumenten werden vernachlässigt.	höhere Kosten durch erheblich höheren Aufwand

Abb. 2: Gegenüberstellung des Standardisierungsansatzes und des Differenzierungsansatzes[9]

Die Auswahl der geeigneten Strategie ist von zahlreichen Faktoren abhängig.

In der Praxis entscheiden sich viele Unternehmen für eine Mischform dieser Strategien die sogenannte Dachkampagnenstrategie. Bei dieser Strategie werden die Vorteile vereint und die Nachteile und etwaige Risiken minimiert bzw. gänzlich vermieden. [10]

Dieses Thema wird in Kapitel 3 im Zusammenhang mit der internationalen Kommunikations-Strategie noch einmal aufgefasst und detaillierter dargestellt.

---

[8] Vgl. Zentes J./ Swoboda B./ Schramm-Klein H.(2013) S.358.
[9] In Anlehnung an: ebd.
[10] Vgl. Perlitz M./ Schrank R./ Becker A (2015) S. 32.

3. Internationale Kommunikations-Strategien

3.1. Grundlage

Bei der Kommunikation auf internationaler Ebene gibt es zahlreiche Störungen, die die eigentliche Botschaft verfälschen und dadurch die eigentliche Wirkung bei den Kunden nicht erzielen. Die länderspezifischen Auffassungen von Zahlen, Symbolen und Farben können sich eklatant voneinander unterscheiden.[11]

	Schwarz	Weiß	Rot	Grün	Blau	Gelb
DE AT	Tod Trauer	Un-schuld, Rein-heit	Ärger Liebe	Hoffnung Neid	Treue Kälte	Eifer-sucht Vorsicht
FRA	Sorge Trun-kenheit	jung	Schüch-ternheit	Furcht	Ärger	Krank-heit
ITA	Depres-sion	erfolg-los, Liebes-affäre	Gefahr	Geld-knappheit	Furcht	Ärger
CHN	Macht, Geld	Trauer	Freude, Ruhm	Ruhe	Glaube, Treue	Geduld, Weisheit
JPN		Trauer, Tod	Aggression	Zukunft		Adel

Abb. 3: Kulturelle Bedeutung der Farben[12]

Ein Beispiel für die essentielle Bedeutung der Informationsbeschaffung und der zwingend notwendigen Überprüfung der *kulturellen Gegebenheiten* bevor internationale Werbung geschaltet wird, lieferte Toyota.
Vermeintlich simple klang der Werbespot des japanischen Autoherstellers: versteinerte Löwen verbeugten sich vor Anerkennung vor dem Geländewagen Prado.

---

[11] Vgl. Zentes J., Swoboda B. (Jahr) S.386
[12] In Anlehnung an: Stadler Marlene (2016),S.1

Die Werbung sollte eigentlich die chinesische Bevölkerung zum Kauf animieren.

Diese assoziierten jedoch die Löwen mit den Steintieren der Marco-Polo-Brücke, über diese die Japaner 1937 nach Peking einmarschierten und den Chinesen den Krieg ansagten.[13]

Insbesondere sind auch die *sprachlichen Unterschiede* ein wichtiger Faktor, der zu ernsthaften Missverständnissen führen kann. So kam es beim skandinavischen Konzern Electrolux bei Übersetzung seines Slogans ins Amerikanische zu einem gravierenden Fauxpas. Der Slogan „Nichts saugt wie ein Electrolux" wurde zu **„Nothing sucks like an Electrolux"**. Sinngemäß kam dies bei den potentiellen Kunden als „Nichts ist so **schlecht** wie ein Electrolux" an. Auch dem Unternehmen Kentucky Fried Chicken ist ein ähnlicher Übersetzungsfehler passiert. So sollte der allseits bekannte Slogan **„finger lickin' good"** ins chinesische transferiert werden. Jedoch wurde es dort als „Iss deine Finger auf" interpretiert.[14]

Die Instrumente der Kommunikationspolitik müssen so in Einklang gebracht werden das ein stimmiger Kommunikationsmix entsteht.

Direkt		Indirekt	
einseitig	zweiseitig	einseitig	zweiseitig
• **Sales Promotion** (Verkaufsförderung) • **Briefwerbung** • **Point-of-Purchase/ Point-of-Sale Werbung** (z.B. Gewinnspiele) • **Public Relations** (Öffentlichkeitsarbeit z.B. in Form von Vorträgen oder einem Tag der offenen Tür)	• **Messen, Ausstellungen** • **persönlicher Verkauf** • **Event-Marketing**	• **Product Placement** • **Sponsoring** • **traditionelle Werbung** • **Online-Werbung**	• **Home-pages** • **Social Media Netzwerke** (Facebook, Twitter, Youtube) • **Call Center**

Abb. 4: Instrumente der Kommunikationspolitik[15]

---

[13] Johnny Erling (2003),S. 1.
[14] Henke S. (2017), S.1; Berndt R./ Fantapié Altobelli C./ Sander M. (2015), S. 385.
[15] In Anlehnung an: Bruhn M. (2014), S. 213ff; In Anlehnung an: Zentes J./Swoboda B./ Schramm-Klein H.(2013) S.389

3.2. Strategien

Abb.5: Entscheidungsfelder der Kommunikationsstrategie[16]

Im Rahmen der Kommunikationspolitik gibt es zahlreiche Entscheidungen zu treffen, um eine geeignete Strategie zu finden.
Die Beispiele aus Kapitel 3.1. zeigen, dass die bereits beim Kapitel 2.2. angesprochenen Strategien, die Standardisierung und Differenzierung, auch bei der Kommunikationspolitik ein wesentlicher Bestandteil sind.

Man unterscheidet zwischen der *standardisierten (globalen)* Kommunikations-Strategie und der *differenzierten (non-globalen)* Kommunikations-Strategie.[17] Unternehmer entscheiden, ob die Kommunikationsinstrumente für den Absatz in anderen Ländern angeglichen werden müssen oder international standardisiert werden können. Mit dieser Fragestellung beschäftigen sich Experten schon seit den 60er Jahren. Welche der Strategien nun die optimalere Lösung darstellt, hängt von vielen Faktoren ab. In der Praxis bewähren sich jedoch oft Mischformen der beiden Strategien. Neben der bereits erwähnten Mischform in Form der Dachkampagnenstrategie gibt es zusätzlich noch die Rahmenkampagnenstrategie.[18]

---

[16] In Anlehnung an: Meffert H./ Burmann C./ Kirchgeorg M. (2015), S. 574
[17] Vgl. R. Berndt/Hermanns A. (1993) S. 776
[18] Vgl. Perlitz M./ Schrank R./ Becker A. (2015) S. 31; ebd. S.37

3.2.1. Die standardisierte Kommunikations-Strategie

Die sogenannte Konvergenzthese wurde aufgrund von Theorien und Marktbeobachtungen aufgestellt. Das Produkt soll einheitlich und standardisiert in anderen Ländern bzw. im dadurch entstehenden Gesamtmarkt angepriesen werden. Gestützt wird die These zu dieser Vermarktungsart durch die Tatsache, dass die Gewohnheiten der Verbraucher immer analoger werden. Um mit standardisierten kommunikationspolitischen Strategien erfolgreich sein zu können müssen diverse psychologische und kulturelle Konstellationen gegeben sein.[19]

So sollte es sich um kulturfreie Dienstleistungen und Produkte („culture-free-products") handeln, welche in den anderen Ländern dem gleichen Zweck dienen und von identischen Zielgruppen nachgefragt werden. Wie bereits erwähnt ist es nicht unbedingt förderlich auf optische Anreize zu setzen, aufgrund unterschiedlicher Farben- und Symboldeutungen.

Der Bekanntheitsgrad des Produkts sollte in den anderen Ländern auf einem gleichen Niveau sein, ansonsten müsste eine andere Marketingstrategie angewendet werden.[20] Das Produkt sollte also in all den Ländern in denen es vermarktet werden soll in der gleichen Lebenszyklusphase sein.[21]

Wie zuvor in Kapitel 2.2. behandelt, ermöglicht die Standardisierung niedrigere Produktionskosten. Zusätzlich zu den Kosteneinsparungen wird auch eine optimalere Effizienz in dem Bereich der Budgetausnutzung erreicht. Einen Vorteil bietet die Strategie speziell in der Kommunikationspolitik, das Unternehmen erhält dadurch ein international umfassendes Image. Die Unternehmensidentität wird ebenfalls durch Kommunikationsinstrumente, wie bspw. die Corporate-Identiy-Policy, gestützt.[22]

---

[19] Vgl. Perlitz M./ Schrank R./ Becker A. (2015) S.31f.
[20] ebd. S.33.
[21] Vgl. R. Berndt/Hermanns A. (1993) S.773.
[22] Vgl. Berndt R./ Fantapié Altobelli C./ Sander M. (2015), S. 416.

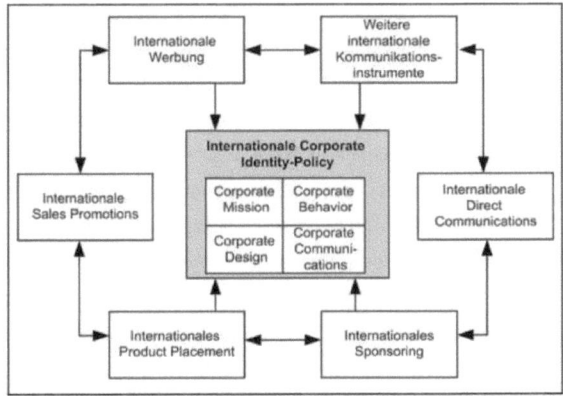

Abb. 6: Internationale Corporate Identity-Policy[23]

Nachteilig betrachtet wird die Tatsache, dass bei der Suche nach einer Werbung bzw. einer geeigneten Werbeaussage, die einheitlich eine länderübergreifende Zielgruppe zum Kauf motivieren soll, die Gefahr besteht, dass sich niemand dafür interessiert. Dies könnte z.b. daran liegen, dass die Werbeaussage aufgrund kultureller und sprachlicher Umgehungen so vereinfacht dargestellt wird, dass sie auf die potentiellen Nachfrager einfallslos wirkt.[24]

3.2.2. Die differenzierte Kommunikations-Strategie

Bei der Differenzierung wird die Divergenzthese aufgestellt. Hier werden sämtliche länderspezifischen Gegebenheiten analysiert und die zu übermittelnde Botschaft dahingehend angepasst. Auf jedem der Ländermärkten wird unterschiedlich geworben und mit unterschiedlichen Instrumenten gearbeitet.

Durch dieses zielgruppenorientierte Vorgehen kann ein wesentlich höherer Umsatz erzielt werden als bei der Standardisierung. Die differenzierte Kommunikations-Strategie befasst sich unter anderem mit Bräuchen, der allgemeinen Kultur, sowie den ländertypischen Rollenverteilungen.[25]

---

[23] Vgl. Berndt R./Fatapié/ Altobelli/ Sander (2016) S. 374.
[24] Vgl. Perlitz M./ Schrank R./ Becker A. (2015) S. 34.
[25] ebd. S. 36f.

Bestimmte Ländergruppen werden durch Marktbeobachtungen so unter-sucht, dass deren Gepflogenheiten, Gewohnheiten und sonstige Vorlieben berücksichtigt und in der gewählten Werbeaussage wiedergespiegelt wer-den. Selbstverständlich ist dies ein aufwendiger Prozess, der dementspre-chend auch mit höheren Kosten verbunden ist.

Vorteilhaft an dieser Strategie ist die Fähigkeit rapide und flexibel auf Ver-änderungen zu reagieren. Auch können hier je nach Land andere Ziele verfolgt werden. Der Bekanntheitsgrad des Produktes spielt wie schon bei der Standardisierung eine Rolle. Entgegengesetzt davon ist es jedoch kein Ausschlusskriterium, wenn in den verschiedenen Ländern unterschiedliche Produktphasen erreicht wurden. Abhängig von der jeweiligen Phase muss die Strategie dahingehend angepasst werden.[26]

Phase	Kommunikations-Strategie
Einführungsphase	Bekanntmachung des Produkts, Informationen übermitteln
Wachstums- und Reifephase	Bekanntheit aufrechterhalten bzw. steigern, gegenüber Konkurrenten behaupten

Abb.7: Produktlebensphasen und deren Strategie[27]

Ein weiterer Vorteil liegt in dem Risikominimum, dass durch die unter-schiedlichen Werbestrategien erreicht wird. Findet das Produkt keinen An-klang im Zielland oder unterläuft einem internationalen Unternehmen ein Fehler bei einem ihrer Werbespot so gilt dies einschließlich für dieses Land. Die Gegenmaßnahmen müssen auch nur in dem Land in Angriff ge-nommen werden. Bei einer globalen Marke hingegen kann es dadurch zu desaströsen Folgen kommen.[28]

---

[26] Vgl. Perlitz M./ Schrank R./ Becker A (2015), S. 36.
[27] Vgl. ebd.
[28] Vgl. ebd. S. 37.

3.2.3. Die Dachkampagnenstrategie

Die Mischung aus den zuvor genannten Strategien bezeichnet man als Dachkampagnenstrategie. Bei dieser Form werden die Vorzüge der standardisierten und die der differenzierten Kommunikationsstrategie miteinander verknüpft.[29] Die Meinungen, welche der beiden Strategien die sinnvollere ist gehen weit auseinander, dadurch entwickelte sich die dritte Strategie. Hierbei wird versucht die Gemeinsamkeiten mit den kulturellen Unterschieden in Einklang zu bringen. Die Entscheidung, welche der Kommunikationsinstrumente standardisiert und welche differenziert werden sollen ist länderspezifisch auszuwählen. In der Regel empfiehlt sich nur so viel Differenzierung zu nutzen wie erforderlich ist, dafür aber all das, das standardisiert werden kann zu standardisieren.[30]

3.2.4. Die Rahmenkampagnenstrategie

Ziel der Rahmenkampagnenstrategie ist es den kleinen Märkten mit Hilfe der großen Märkte eine Strategie zu offerieren, die lediglich örtlich angepasst werden muss.[31]

3.3. Interdependenzen zu anderen Elementen des internationalen Marketing-Mix

Die Kommunikations-Strategie wird beeinflusst von den Interdependenzen, die zwischen ihr und den anderen Elementen bestehen.
Die Beziehungen und Abhängigkeiten mit den einzelnen Elementen des Marketing-Mix lassen sich in drei Kategorien einteilen:

Die funktionale Interdependenz (auch Interaktionseffekt)
Ein Kommunikationsinstrument kann durch ein anderes substituiert oder komplementiert werden. Ebenfalls kann der Instrumenteneinsatz sich konkurrierend auf ein anderes Instrument auswirken.[32]

---

[29] Reineke A./ Runia P. (2015), S. 41.
[30] Vgl. ebd. S. 42f.
[31] Vgl. Perlitz M./ Schrank R./ Becker A. (2015), S. 32.
[32] Vgl. Zentes J./ Swoboda B., Schramm-Klein H. (2013), S. 415.

Konditionale Beziehungen sind geprägt durch die Zusammenarbeit der Instrumente, demnach hängt die Wirkung eines Instruments von der Mithilfe eines anderen ab.[33] Wie der Name bereits aussagt, handelt es sich hierbei um die Wirkung, die durch die Interaktion der Instrumente auftritt. Mit Hilfe von sogenannten Response-Modellen lässt sich die Wirkung analysieren.[34]

Gibt es keine Interdependenzen zwischen den Instrumenten spricht man von einer indifferenten Beziehung zueinander[35]

Die zeitliche Interdependenz

Wichtig ist in diesem Zusammenhang der Carry-over-Effekt. Wird eine Werbung geschaltet besteht die Möglichkeit, dass die Wirkung auf die folgenden Perioden ausgeweitet wird. Wird die Wirkung erst in der nächsten Periode erzielt, also mit zeitlicher Verzögerung, spricht man von Time-lag. Den funktionalen Interdependenzen kann man mit Hilfe von zeitlicher Verschiebung entgegenwirken. So kann man entscheiden, ob die Instrumente sukzessiv, parallel, intermittierend oder ablösend zum Einsatz kommen sollen. [36]

Die hierarchische Interdependenz (auch: Rangordnung)

Hierbei spielt die Priorität eine entscheidende Rolle. Einige Kommunikationsinstrumente sind von ihrem „Rang" her höher einzustufen als die anderen. Die dominierenden Instrumente werden dementsprechend vorrangig eingesetzt. [37] Neben den dominierenden Instrumenten werden komplementäre, Standard- und marginale Instrumente unterschieden.[38]

4. Schlussbetrachtung

Diese Seminararbeit befasste sich mit den anwendbaren Kommunikations-Strategien im internationalen Kontext. Ziel war es die Vor- und Nachteile dieser Strategien aufzuzeigen und die Besonderheiten der Internationalisierung im Zusammengang mit der Kommunikation zu verdeutlichen.

Letztendlich scheint eine Mischform der Strategien die sicherste Variante für Unternehmen, die international erfolgreich werden wollen.

---

[33] Vgl. Bruhn M. (2014), S.48.
[34] Vgl. Zentes J./ Swoboda B., Schramm-Klein H. (2013) S. 415.
[35] Vgl. Bruhn M. (2014), S.48.
[36] Vgl. Zentes J./ Swoboda B., Schramm-Klein H. (2013) S. 415; Bruhn M. (2014) S.48.
[37] Vgl. Lutz Britta (2011), S. 33.
[38] Vgl. Zentes J./ Swoboda B./ Schramm-Klein H. (2013) S. 415.

Literaturverzeichnis

Berndt R. (1993): Das Management der internationalen Kommunikation, in: Berndt R./ Hermanns A. (Hrsg.): Handbuch Marketing-Kommunikation: Strategien — Instrumente — Perspektiven. Werbung — Sales Promotions — Public Relations — Corporate Identity — Sponsoring — Product Placement — Messen — Persönlicher Verkauf, Auflage 1, S. 776.

Bruhn M. (2014): Unternehmens- und Marketingkommunikation: Handbuch für ein integriertes Kommunikationsmanagement, 3. Auflage, Basel.

Erling, Johnny (2003): "Weg mit dir!" Toyota-Werbung erschüttert die Chinesen, https://www.welt.de/print-welt/article280271/Weg-mit-dir-Toyota-Werbung-erschuettert-die-Chinesen.html, S.1, letzter Zugriff am 09.03.2017.

Henke, Susanne (2017): „Nothing sucks like an Electrolux": So gefährlich sind Übersetzungsfehler wirklich für Unternehmen, http://susanne-henke.de/blog/2017/01/27/nothing-sucks-like-an-electrolux-so-gefaehrlich-sind-uebersetzungsfehler-wirklich-fuer-unternehmen/, S. 1, letzter Zugriff am 09.03.2017.

Lutz Britta (2011): Effiziente Marktforschung auf internationalen Märkten, Auflage 1, Hamburg.

Meffert, H./ Burmann C./ Kirchgeorg M. (2015): Marketing Grundlagen marktorientierter Unternehmensführung,12. Auflage, Münster, Bremen und Leipzig.

Poudeu Felix C.: Maßnahmenplanung und Marketing Mix im Internationalen Kontext, 2009 S. 4f, http://www.propmi-limited.com/blog/wp-content/uploads/2011/12/Ma%C3%9Fnahmenplanung-und-Marketing-Mix-im-internationalen-Kontext.pdf, letzter Zugriff am 09.03.2017.

Reineke Anna, Runia M.Peter (2015): Standardisierung versus Differenzierung als zentrales Entscheidungsproblem interkultureller Kommunikationspolitik: Eine Analyse am Beispiel der BRIC-Staaten, Auflage 1, Norderstedt.

Stadler Marlene (2016): Unterschiedliche kulturelle Bedeutungen von Farben in verschiedenen Kulturen und Nationen, S.1, http://www.farbenundleben.de/kultur/kulturen_farbbebeutungen.htm; letzter Zugriff am 07.03.2017